Iaroslav Wise

The Poetic Assortment

This is the book of inspirational poetry. It consists of 102 poems in English, French and Ukrainian (34 in each language) and 34 photos of Canada's nature (the cover and 11 in each section). The inspirational poems in this book are intended to tune to positivity, faith, hope and love in work, studies and everyday life. Since the poems are short, even busy readers may find it easy and convenient to read a poem or so at a time.

Wise, I. (2021). *The poetic assortment*. Calgary, AB: Edocation Corp.

ISBN 978-1-989531-31-0

Format:	book (paperback)
Languages:	English, French, Ukrainian
Written & designed by:	Iaroslav Wise
Published by:	Edocation Corp.
Disclaimer:	this book is published as has been submitted by the author and in the original languages

Acknowledgements

Thank God.

Thank you to my family for their loving support.

Thank you to readers for using and sharing these poems.

Table of contents

iv

ENGLISH

Little light

Little light disperses darkness
And drives it away.
Be the light
And let your brightness stay.
If you are unsure where to go,
Shine your way.
May the Lord help your light grow.

17.12.2020

The most precious gift

The most precious gift is the one of love, for certain,
Whether you are a Quebecois or Albertan;
The gift you share with those in need,
When you help care, or feed…

10.12.2020

Keep in touch with your family

When all is well, we can get by on our own;
When times are rough,
We do not want to be alone –
We seek our family and our issues diminish by half.

Therefore, make sure you are always in touch
For your and their sake.
Your time with them does not have to be much,
Just let it be true and quality – let it not be fake.

21.11.2020

Count it joy

When trials and temptations
Come along,
Count it joy enduring with patience –
For those do not last long;

But the reward is great
To those who sustain with faith;
Therefore, be thankful for what's on your plate;
Rejoice, pray, create.

See also Jam. 1:2-5.
10.10.2020

My dog is my treasure

My dog is my treasure:
He takes me for a walk for health and for pleasure.
He is the best alarm of all time:
He prevents mischief and a crime.

He loves his "pack",
His loyalty will never lack.
My dog is big on cheer.
He is smart and that is clear.

04.10.2020

3

Doctor Diet, Doctor Quiet & Doctor Merryman

Buddy, if you are tired,
Try Swift's Dr. Diet, Dr. Quiet and Dr. Merryman
To ensure that you work steady and are not fired;
That for your healthy, happy life you have a plan.

21.06.2020

No blessing in worry

When Jesus was speaking on the mount
Of blessing, did He mention one for worry?
No, He did not in any Gospel account.
Therefore, do not worry; make wise and true your story.

23.05.2020

The days of the week

Monday is a day that is often underestimated,
But is a gift to those whose Sunday was to God dedicated.

Tuesday is the day to follow up with clients and on your commitments,
To work steady and to help at home with fitments.

Wednesday is the day to keep on going,
To believe, to hope on without knowing.

Thursday is another good day for follow-ups
And to keep positive despite any downs or ups.

Friday is the day to be free in the eve;
To rest and to roll down your sleeve.

Saturday is for all worthy work in the house,
In the garden with your kids and spouse.

Sunday is the day that is to God to be dedicated;
To refocus your mind on the Things that will never become
outdated.

08.05.2020

Space in heart

My heart is spacious for God,
But other people may find it tight.

Yet, if their heart is just as light,
They, too, will find it spacious, loving and bright.

17.03.2020

Let no one doubt

Let no one doubt
When they donate
A good deed, a piece of worthy advice, a trout,
A loving word to extinguish hate

And let no one criticize
A good, needed intention –
Instead, let them support, be wise;
Let us be courageous and pay attention.

02 – 04.01.2020

What does a linguist need for Christmas?

This is a good question.
A crossword, perhaps, can be a suggestion;
A dictionary or a mouthful of words;
Review with him/her his/her linguistic awards…?

A good linguist, listen, o friend, –
If s/he does not pretend –
Needs, as we all do,
Faith, hope and love that are true.

19.12.2019

A good soldier

Focus on light and be of good cheer.
Keep and protect the things that are dear.
The support is not far – it's near.
Be a good soldier with faith and honour, without hatred or fear.

04.11.2019

Sainthood call

Let your light shine
Before people truly

Who fast and who dine
That they may rejoice fully;

That they should glorify
Our God – the Creator of all;
That they, too, may find the will and desire to try;
That they may discover their sainthood call.

16.09.2019

Churching

Have you tried churching, friend?
It is like hiking, but you need to attend
A Church in the countryside or in town.
For this, you may need to walk or to take a ride
And to change to smile your frown.

The key is: that's a spiritual adventure
To help you succeed in every good venture
And to get adequate rest;
To help focus on the important things
And to pass any good test.

12.08.2019

Just for today

Just for today,
I will be happy truly;

I will live a worry-free day;
I will fulfill my duties duly.

I will not overwork,
But I will do just right;
I will pray before I use my fork,
And I will focus on light.

11.12.2018

Prescription

If your worries pour as biscuits from an overthrown open tin,
Or if you are in low spirits or sad –
Here is something to help you to win,
Regardless of how many sticky moments you've had.

This is a prescription,
But for it to take effect,
You have to follow it with a conviction:
One good deed a day, no need to perfect.

27.11.2018

Explore, research, discover

Explore, research, discover
Whether you are a scholar or a music lover,
A Christian or still in search of the Way;
Whether you are a priest or lay.

In doing so, apply wit, enthusiasm and smile:
Your merchandise will be the first to clear the store aisle;
Your friendships will grow stronger;
Your health and happiness will abide longer.

05.11.2018

Recipe

Take your passion,
Mix with hard work.
Clean and neat are always in fashion.
Keep mixing with a confident fork.

Add love as much as it takes.
Sprinkle generously with faith everywhere.
Add some hope before it bakes.
Remember to oil with rest; avoid despair.

09 – 10.04.2018

When Pascha comes – rejoice

When Pascha comes – rejoice:
Those who have fasted and those who have not; –
Let the joy be in your heart and voice –
In the Kingdom, there are different chambers and there are a lot –

Those who have come early and those who have come late;
Those who push forward and those who contemplate –
Let all share the joy –
Let all accept it as children, a girl and a boy!

21.03.2018

Christmas presents

Do presents on Christmas matter?
Yes, they certainly do!
Not the ones that make us fatter,
But the ones that melt hearts and show our love to be true.

The ones that unite our hearts,
The ones that make distance short,
The ones that extinguish burning darts.
Faith, hope, love; the ones that comfort.

Friendly smile,
Cheering wink,
Prayer, charity, kind deed that lasts a while,
Peaceful mind… Have time to stop and think.

20.12.2017

Wrong or right?

For some you will always be of a wrong size:
Too small for some; too big for others at the same time.
Yet for others you will be just right – however hard to realize –
Even if you have a few extra pounds or as slim as a dime.

For some you will be a boor,
But for others – all right,
Whether you are rich or poor;
Their friend, gentle and bright.

Therefore, you will hear all,
But take things with a pinch of salt.
In all things pray, whether big or small.
Avoid those who do not love and find fault.

10.12.2017

Live. Laugh. Love

Live as if you had only one day.
Laugh as if you were a child at play.
Love as if that's all you've got to say.

09.10.2016

How to be happy

Be happy – the shortest and the only way is Christ.
Direct your ways to Him in all:
At home, at work, at leisure…
Let your kind deeds be filled with pleasure.
Keep Him in sight in winter, spring, summer, and fall.
Praise Him as if tomorrow may never come –
Say those kind words, do kind deeds, keep calm.

04.10.2016

14

Saints among us

Have you ever thought
That there are saints among us?
In the street, in Church, at school, at work, on a bus?
Maybe, when you forgot

To lock your car,
They were there for you.
They went the way all the way through.
They cared whether you were close or far.

They looked after your baby.
They fed your dog.
They protected against a rogue.
They did not read your mind, maybe,

But they prayed for you every day.
I know, somebody hurt us in the past –
Now for seeing good stuff we are not fast,
But let's keep our hearts open June through May.

18.04.2016

Veterans

They gave their lives
That we may enjoy the things we like.
Due to them peace thrives;
Without fear I can ride my bike.

15

Thank you
For you have showed courage, faith, and love.
You have prepared the place for the peace dove.
Every day you stood to your duty anew.

We remember and pray for you.
We live because your courageous deeds were true.
We enjoy hockey, pancakes, maple syrup, and barbecue.
Your glory did not fade, it grew.

11.11.2015

Space exploration

A lot has been done in terms of exploration of space,
But much more remains to be done at a confident pace.
Space hides secrets which can help us,
We should proceed without much fuss.

Other social programs are important too,
But space is just another social thing which is true.
So, let's continue exploring,
Let us avoid worrying.

Did you know that every cent invested
Returns twenty when projects in space are tested?
Space exploration and social programs should go hand in hand;
Space exploration should benefit people, animals, air, water, and
land.

11.11.2015

Alberta

I am Alberta-bound.
I fell in love with this province completely;
In no other place have I found
Air which blows so sweetly;

Mountains which soar so acutely;
Lakes with water so fresh and lots of fish;
Deer, squirrels, bunnies that run freely absolutely.
Alberta, wherever I travel, you are my wish.

11.07.2015

Praise the Lord

Praise the Lord in any situation;
Praise the Lord among any nation;
Praise God in word, in deed, in thought,
Just as Jesus Christ taught.

Let your praise be with cheer!
Do kind things, say kind words without fear.
Have salt in yourself and have taste.
Be smart, go beyond copy and paste.

Be clever in things big and small.
Praise the Lord in all!

26.04.2015

I appreciate your love

I know, God hears your prayer.
I like your bright eyes, your hair,
Your smile, kind heart –
I love all of you, not just a part!

Thank you for your love and support!
Our friendship is my safe port.
Your advice makes difficulties a feather.
I want us to be together.

28.07.2013

With You

I relied on You and won,
You gave a victory again,
Because You are the Only One.
Your Love cannot be vain!

You are the Loving God!
You are Gracious indeed.
You help people a lot;
With You, we won't be in need!

05.10.2011

When the sun is rising

When the sun is rising,
When the wind is blowing,
Rejoice because without realizing
You live and feel; without knowing…
That it's so good to breathe,
Such a joy it is to walk;
Amazing is to sneeze!
Wisdom is your kind talk!

With this abundance blessed you are!
Rejoice and pray when you go close or far.

02 – 03.08.2010

It is worth living the life

It is worth living the life,
Though it may be tough,
Though it may be a strife.
A pleasant sea is often rough.

Problems melt ice from the heart,
You become attentive to others.
It is hard to do good from the start,
But think about hard-working mothers.

Your life can flourish,
You can trim it with love.
With what your heart to nourish?
Be wise as a serpent and harmless as a dove.

27.02.2010

Life, what can be better!

Life, what can be better!
At any point you can rise.
You can write your letter,
You can win your prize.

You can improve all things
Because you are alive.
Stick together; spread your wings!
Birds can fly and fish can dive.

Nothing is irreparably lost
Till life is inside.
Small seems to be the cost;
You will flourish and glide.

Yes, time is incredibly swift,
But life, life is a precious gift.

31.03.2009

Once upon a time there was an oak

Once upon a time there was an oak
Which was not afraid of the boldest stroke.
It grew in the heart of a wood, –
But now you will not find the place where it stood.

Lightnings struck it several times,
But after this it saw a lot of primes.
One day the wood caught fire,
But the tree lived on like a strong desire.

Every beast and bird admired its power;
Supported and watered by its friend, shower…
Nobody knew where the termites had come from:
They consumed the tree faster than any storm.

People often stand bad privations
Keeping themselves away from temptations.
They are brave and are not afraid of rifles.
Do they have to dissipate their energies on trifles?

07.07.2005

FRENCH

Qu'ils se réjouissent

Que le cœur
De ceux qui cherchent, tout à fait,
L'Eternel se réjouisse!
Qu'ils n'aient pas peur –
Leur Dieu est tout près.
Qu'ils fassent tout ce qu'ils peuvent –
Il est juste qu'ils puissent.

24.10.2020

Que la paix soit sur le peuple de Dieu!

Dieu voit les chemins des hommes pour le jugement et pour
l'honneur.
Il juge des méchants dans chaque lieu,
Et les bons ont peur et glorifient le Seigneur.
Que la paix soit sur le peuple de Dieu!

03.07.2019

Quoique arrive, la vie continue

Quoique arrive, la vie continue,
Ce n'est pas le temps pour être triste.
Souris, ton sourire pur est bien connu.
Combien de merveilles il existe!

Nous n'avons pas de temps
Pour pleurer à cause des banalités.
Tu as du bon sens,
Vivons aujourd'hui, c'est la réalité.

Les problèmes ne sont que le passé.
Donc, agissons pour faire du bien aux gens.
Tout est pour l'amour et c'est pas assez:
Petite pluie abattra grand vent!

22.02.2019

Gratitude de Noël

Merci à Dieu pour cette fête!
Aujourd'hui tous se réjouissent: homme, nature, bête.
Merci à Toi, Mère de Dieu – Tu ne doutais pas une seule seconde –
Par Toi notre Sauveur est venu dans le monde.

23 – 24.12.2018

La promesse qui vient avec la sagesse

Mon Dieu Bien-aimé,
Donne-moi de la sagesse
Parce que c'est une clé
Qui vient avec la promesse

Que mes jours seront longs,
Et j'aurai des choses à manger;
Je construirai ma maison,
Et je Te louerai!

03.08.2018

Mon Dieu Bien-aimé

Pardonne-moi, mon Dieu Bien-aimé!
Tu es mon Sauveur depuis que je suis né
Et même plus tôt, certainement!
Merci, Tu m'aimes tellement!

03.08.2018

Plus de vie

Plus de vie, ma (mon) chère (cher) ami(e)
Dans tout ce que tu fais:
Dans ton travail et tes études; parmi
Tes copains et ta famille… pour réussir à tout ce que te plaît!

30.12.2017

Tu n'es pas seul(e)

Tu n'es pas seul(e):
Dieu, Ses anges, Sa Mère, Ses Saints sont avec toi.
Même quand tu élèves un épagneul;
Quand tu perds et quand tu trouves chaque fois.

Tu n'es pas seul(e), ami(e)
Quand tu t'élèves, vas au lit, quand tu manges du brie…
Tu n'es jamais seul(e), rappelle-toi.
Souris, espère, inspire, aprécie, aperçois!

26.11.2017

Souris, ton sourire est beau

Souris, ton sourire est beau.
Quoi qu'il se passe, sois courageux/-se.
Devant toi on enlèvera son chapeau –
Sois bon/ne, sage, simple et généreaux /-se

30.11.2016

Si quelque chose ne marche pas

Si quelque chose ne marche pas,
Sois sûr(e) que Dieu a préparé une meilleure chose déjà.
Souris et sois optimiste –
Le temps viendra et tu sera sur ton piste!

07.08.2016

Dis toujours "ça va" pour éviter "pourquoi"

Dis toujours "ça va" pour éviter "pourquoi":
Tu es précieux/-se dans les yeux de Dieu, crois.
Je t'admire, ton sourire, ton intelligence, ton esprit.
Sois généreux/-se, joyeux/-se et heureux/-se, mon ami/-e!

21.05.2016

Un bon Chrétien

Un bon Chrétien
Est un Chrétien qui est heureux.
Parce qu'il peut accomplir des choses bien
Et beaucoup plus que celui qui est malheureux.

05.05.2016

Tout va être bien

Tout va être bien,
J'en suis sûr.
Donc seulement tiens,
Sans doute, le ciel sera pur.

31.03.2015

On mérite ce qu'on se partage

On mérite ce qu'on se partage.
C'est vrai pour n'importe quel âge.
Pense à tes propres faits.
Souris et soyons prêts.

18.03.2015

Sagesse

Il y a autant de reines qu'il y a de femmes
Et il est vrais que des enfants sont des gardiens de l'âme.
Cette information peut nous faire sages.
Sagesse est bonne pour touts les ages.

30.06 – 03.07.2014

On ne manque rien

On a partagé tout,
Mais on ne manque rien.
On a peu de sous,
Mais on croit fort bien.

On croit
Qu'un jour on recevra tout;
Et maintenant on doit retenir l'amour et la fois
Dans ce monde fou.

16.12.2012

Souris, mon ami(e)

Souris, mon ami(e) –
Il y a beaucoup de choses merveilleuses.
Tu as la chose la plus précieuse –
La vie et aussi la foi, l'espérance, l'amour et la brie.

25.11.2012

Demande au ciel et aux étoiles comment je t'aime

Demande au ciel et aux étoiles comment je t'aime,
Demande au vent et au soleil de qui je rêve.
Bien que nous sommes loin je me souviens de toi quand même,
Je me souviens de toi au point du jour et quand le soleil se lève.

26.08.2012

Une compagnon, mais pas trop sage

Je suis à toi
Un compagnon, mais pas trop sage
Je n'ai pas d'argent comme des rois,
Et j'ai jeune âge.

Mais j'ai aussi un cœur fidèle,
Une âme qui a de l'espoir,

De l'amour qui est plus doux que miel,
De la foi qui aide à marcher sans savoir.

Merci, o Seigneur!

18.02.2012

Repas qui rassasie

«Manger» n'est pas encore «vivre»,
«Boire» n'est pas encore «se sauver».
Cela est écrit dans le Livre;
Maintenant fais bien, t'éloigne du mauvais.

27.11.2011

Marchons dans le loi de Dieu

Marchons dans le loi de Dieu:
En faisant cela nous réussirons.
Un lieu élevé Il a préparé, –
Allons pour avoir et pour ne pas manquer.

26 – 27.11.2011

Défauts

Mon Dieu l'Eternel, merci pour l'amitié:
Mon amie aperçoit mes défauts,
Elle m'aide, bien que ce ne soit son métier.
Elle ne me rapproche; elle est proche tard et tôt.

19.08.2011

La vie chante une chanson

La vie chante une chanson,
Ecoute et tu entendras;
A chacun sa façon.
Le bon bientôt viendra.

Quoi qu'on dise, la vie est belle,
De temps en temps dure,
Pleine de sucre, pleine de sel,
Mais bonne en tant que telle!

Tu vas réussir, je te dis
Parce que le soleil est si beau,
Le ciel ne sera pas toujours gris.
Tu vas réussir, j'enlèverai mon chapeau.

07.06.2008

Je sais que tout va être bien

Je sais que tout va être bien;
En Dieu je crois.
Alors, qu'est-ce qui peut m'arriver? Rien!
Je le sais, je suis sûr, je vois.

Même le froid le plus fort devient doux.
Notre Père fait autant pour nous…
Autant de victoires;
Il couvre nos têtes de la gloire!

Je Te remercie pour la vie,
Le cadeau le plus généreux.
Merci pour la famille et pour les amis!
Grace à Toi nos cœurs sont heureux!

18 – 19.01.2008

Une chose qui guérit

Il ne faut pas être triste,
Même si ça ne va pas.
On est un grand artiste,
La chagrin passera.

Mais il y a une condition,
Il est nécessaire qu'on soit sûr(e).
Et elle viendra, la solution,
On surmontera le mur.

Que ton sourire est beau!
Il guérira aussi le mal de ton ami.
Chacun peut être héros.
Pour commencer, souris!

11.11.2007

Combien de temps faut-il pour t'oublier?

Combien de temps faut-il pour t'oublier?
Mes lèvres vont se taire, mais mon cœur veut crier.
On me disait "Assez!", mes amis surtout,
Mais tu es ici et là, tu es partout.

Ton regard est calme, ton sourire guérit.
Pourquoi? Je n'ai pas encore compris.
Où es-tu? Que fais-tu?
Pardonne-moi pour être têtu…

22.07.2007

Le ruisseau de temps coule vite

Le ruisseau de temps coule vite.
Et beaucoup va changer:
Les choses intérieures aussi que le site,
Mais il n'est jamais trop tard pour changer.

Seulement te rappelle toujours:
C'est à toi.
Il y a fondement même dans les plus grandes tours.
Tiens la patience et l'amour avec la foi.

04.04.2007

Agir

Je ne suis pas fatigué,
Au contraire, je suis prêt à travailler.
Etre actif et agir!
Ne pas être passif, c'est-à-dire.

Sauter, inventer, c'est comme ça,
C'est le mode de vie pour moi.
Je ne vais pas dormir toute la journée,
A quoi bon je dois me tourner?

Un instant et c'est tout:
Rien à changer et des problèmes partout.
Donc, je ne vais pas tarder,
Mais agir et pas hésiter!

30.04.2006

Le ciel est bleu!

Le ciel est bleu!
Des oiseaux chantent!
Des arbres sont en fleurs parfumées.
Que peut être mieux?
C'est printemps, est-ce que tu sentes?

Les jours gris ont passé
Et ne sont pas près.
Jette, mon cher lecteur, ta tristesse et souris!
Merci, mais c'est pas assez:
Rappelles aussi que tu es bel(le) et bon(ne) et c'est vrai!

25.03.2006

Souris, ton sourire est si beau!

Souris, ton sourire est si beau!
Souris et le monde entier te sourira.
Sois sûr, le soleil apparaîtra de nouveau,
Le jour manqué bientôt finira.

Il ne faut pas désespérer ou être triste,
La nuit portera conseil.
Tout passera, sois comme un touriste –
Aujourd'hui une mauvaise maison, demain une autre, sans doute, sera une merveille!

24.09.2005

L'amour

L'amour est patient,
Il est plein de bonté.
Ce secret est ouvert aux enfants.
Même le soleil a besoin d'amour pour monter.

L'amour n'est point envieux;
L'amour ne se vante point.
Qui peut dire mieux?
C'est vrai et beau au moins.

L'amour ne s'enfle point d'orgueil,
Il ne fait rien de malhonnête.
L'amour est frai et pur comme une feuille
Et aussi doux comme une sonnette.

Il ne cherche point son intérêt,
Il ne s'irrite point.
Regarde, il faut être prêt,
L'amour est là, ici, pas loin.

Il ne soupçon point le mal,
Il ne se réjouit point de l'injustice…

Écoute, c'est pas une chose banale.
Les mots sont divers et l'idée est lisse.

…mais il se réjouit de la vérité;
Il excuse tout, il croit tout.
L'amour fait le cœur battre et rêver.
Il espère tout, il supporte tout.

L'amour ne périt jamais.

1Cor.13.
14.09.2005

Combien de temps faut-il passer

Combien de temps faut-il passer
Pour cicatriser une mauvaise blessure?
Trois années, est-ce que c'est assez?
Je ne suis sûr.

"Des médecins disent que c'est ça,
Et des romantiques disent que pas toujours" –
Un ami de moi annonça.
Depuis lors j'y ai pensé chaque jour.

Combien de temps faut-il passer?
C'est une question poétique.
Ici on ne doit pas se dépenser,
Pour chacun c'est un terme unique.

06.08.2005

Noële

Noële est la plus claire fête,
C'est pourquoi il ne faut pas faire la tête;
Regarde, c'est un très beau jour –
N'es pas ému(e), mieux souris toujours!

06.01.2005

Combien de choses Tu m'a donné!

Combien de choses Tu m'a donné!
Mon Dieu, je Te remercie.
Tu m'aide toujours à gagner;
C'est pas seulement moi – Tu aide tout le monde aussi.

Mes mots ne sont pas assez
Pour Te glorifier.
C'est vrai, mais je ne vais pas cesser,
Parce qu'il n'y a rien que je ne puisse Te confier.

Et que puis-je ajouter?
Ne nous laisse jamais.
Te est notre Fort et personne ne peut le rejeter.
Seulement grâce à Toi je vis et c'est vrai.

2005

40

UKRAINIAN

Радіти та мудрим бути

Нарешті, треба вміти ще радіти
Безтурботно, як маленькі діти;
Працюючи не забувати про головне –
Що є Бог і що життя у нас лише одне.

Дивовижно як влаштовано все у природі пам'ятати
І свою роботу, навчання як профі знати;
Старших щиро поважати,
Але разом із тим про свої справи тверезо і мудро розважати.

До світла прямувати, у ньому жити і його шукати.
І що ще додати?
Вірним у любові, службі, дружбі бути;
Розум мати, потрібне тримати, корисне обирати, помилкове
відкинути, забути.

30.09.2020

Зарядка

Для енергії на день потрібна зарядка ранкова;
Для душевних сил – молитва – християнський захист і
підтримка виняткова;
Для настрою ж гарного, – посмішка, тому старайся:
Хай складно як, віруй, будь спок, посміхайся.

16.10.2019

Будь мужнім і дій мудро повсякчас

Будь мужнім і дій мудро повсякчас.
Хай ворог лютує, а ти будь спок,
Хай посміхається як фантомас.
Ти – досвідчений док.

Твоя освіта допомагає;
Твоє серце чисте сяє;
Бог любить і пам'ятає.
Правда неправду здолає.

Отже, йди уперед, постійно у молитві;
Працюй поступово, мудро, сміливо,
Щоб із Божою допомогою перемогти у битві,
Щоб Господь благословив це диво.

13.05.2019

Де закриваються двері, відкриваються ворота

Де закриваються двері, відкриваються ворота;
Тому шлагбаум в одному місці – не сумна, а весела нота.
Отже, звеселися і далі певно йди,
А щоб вірним був шлях – молися і Господь направить куди.

12.05.2019

Добрі справи без похвали

Які великі справи
Господь благословляє нас творити,
Тому не потрібні нам оплески з високої лави,
Але Господа та ближнього любити.

Отже, наскільки важлива дія
Визначає не хтось із боку,
А вчинок у конкретній ситуації, а ще – віра, любов, надія, –
Тому роби те, що правильно, а не приємність чиємусь оку.

05.04.2019

Не затуляй серце

Коли бачиш бідну людину,
Яка допомоги потребує,
Не затуляй серце пам'ятаючи про власну родину:
Той, хто щиро дає, дім свій збудує.

04.04.2019

Будь спок

У скрутній ситуації будь спок:
Бог не тільки коли все добре, але завжди допомагає.
Тому все буде ок.
Переможе той, хто віру, надію і любов має.

18.03.2019

Вище ніс

Не падай духом, друже
І не засмучуйся дуже.
Тримай вище ніс;
Ти вже набагато більше зніс.

Вір і сміливо крокуй уперед.
Хай інколи слова чи справи – не мед
Та у тебе ж серце, голова!
Роби добру справу і фільтруй нечемні слова.

22.02.2019

Критицизм

Є критицизм слушний, практичний –
До такого треба дослухатися.
То є жест доброзичний,
Такий варто вітати і шукати намагатися.

Є критицизм, який у принципі доречний,
Але супернегречний.
І хоч проблема – маленька,
Шукає погубити бо вважає, що людина – слабенька.
На такий краще не зважати
І самому про свої справи тверезо розважати.

Є критицизм несправедливий
Бо рецензент заздрить, нещирий, лінивий.
Такий критицизм треба фільтрувати:
Критика уникати, а критицизм повз вуха пропускати.

13.01.2019

Борітеся, поборете

Борітеся, поборете
I всяку навалу підкорите.
Борітеся, сміливо стійте,
Із молитвою і любов'ю дійте.

Це – правда не тільки для загалу
I у захисті від ворожого навалу,
Але для кожного з нас на плоди чудові –
Стіймо у дусі сміливості, здорового розуму, любові.

14.10.2018

Коли презентація на разі

Коли презентація на разі,
Готуйся і практику май на увазі;
А щоб подолати зайве хвилювання –
Уяви, що всі – у захваті і хочуть дати тобі цілування!

09.10.2018

До Пресвятої Богородиці

Присвята Богородице, дякую Тобі за приклад:
"Я ж Господня раба," Ти сказала;
І таким Твого життя є виклад:
Все життя Ти Богу щиро віддала.

Бог Тебе забрав до Себе коли Ти заснула –
Ти разом із Ним перебуваєш
І нашу щиру молитву до Тебе завжди чуєш і чула
І від бід і скорбот нас визволяєш.

Дякую Тобі, Пресвята Богородице, за молитви неперестанні,
За велику любов і допомогу,
За настанови Твої вечірні і ранні,
За те, що наші прохання, скорботи приносиш Богу.

02.10.2016

Як величні діла Твої, Господи

Як величні діла Твої, Господи нині і повсякчас!
Ти все премудрістю сотворив!
Милості Твої – незліченні для нас.
Як багато у світі див:

Баланс у природі, тварина, людина,
Сильний чоловік, вродлива жінка, тендітна дитина;
Коли хто останній кусень хліба доїдає
І тому, хто його не любив, залишає.

Як величні діла Твої Господи, повсякчас і нині
Ти – Той Самий, Ти досі зціляєш.
Чи у космосі, чи під водою, на горі чи у долині –
Ти любиш нас і дбаєш.

11.07.2015

Дякую

Все, що маю Богу зобов'язаний я:
Воля, мир, здоров'я, життя.
Дякую, Боже, за спасіння надію, підтримку родини;
Дякую, що дав перемогу у нелегкі години.

Благослови, Господи Боже, Твого раба по всі дні,
Щоб ходити Твоїми шляхами мені.
Дякую, Боже, що перемагає любов!
Дякую, Боже, за підтримку знову і знов!

11.2014

Якщо у житті не гладко все

Якщо у житті не гладко все,
Не хвилюйся, не сердися:
Те, що було, минуле все далі і далі несе,
З надією на це дивися!

Хай серце палає любов'ю,
Хай розум працює кмітливо,
Хай дієта сприяє здоров'ю!
Рухатись далі – дуже важливо.

07.09.2014

Коли народ єдиний

Коли народ єдиний,
Тоді він дуже сильний.
Ніяка нація його не здолає,
Ніякий страх його не злякає!

Отож, єднаймось,
Довкола Бога будьмо єдині!
У справедливому мирі жити намагаймось.
Тоді ми будемо по-справжньому сильні!

09.03.2014

Люби Батьківщину, рідну Неньку, люби!

Люби Батьківщину, рідну Неньку, люби!
Те, що можеш для неї робити, роби.
Нехай щира буде твоя любов
І у справах показує себе знову і знов.

Люби Батьківщину, рідну Неньку, люби!
Частиною повсякденного життя це зроби.
Інші що хочуть будуть чинити,
Але нехай тобі допоможе Бог із любов'ю все робити.

26.01.2014

Твори добро

Твори добро,
Велике і маленьке.
Твори добро,
Хоч каже хтось "слабеньке".

Нехай у цьому
Будеш щира / щирий.
Зростай, укріплюйся у ньому,
Хоч сумніваються усі, ти віруй!

Твори добро!
Не будь переможений злом,
Але перемагай зло добром.
Твори добро!

Нехай лице умию
І серце з радістю відкрию;
Нехай по милості Твоїй дістану
Та на молитву подячну стану!

03.2012

Є люди, заради яких на світі варто жити

Є люди, заради яких на світі варто жити –
Це – ті, які вміють ще любити.
Це – мама й діти,
Це – ті, які дрібницям вміють ще радіти.

Це – закохані щиро,
Яких життя як чисте миро.
Це – бідні, але щирі люди,
Які є, повір, усюди.

Багато бачив я у світі.
Та є у ньому те, заради чого варто жити:
Джерела, гори, дерева навесні у квіті.
Є заради кого варто ще любити,
Є ті, кого потрібно захистити.

11.02.2012

Не покину тебе і не залишу

"Не покину тебе і не залишу",
Сказав Ти мені, Твоєму рабу.
І ось я пишу:
Не покину Тебе і не залишу.

І як може Твій раб,
Адже Ти нас полюбив,
Завдяки Тобі я не заслаб,
А Твій Син спасіння зробив!

Боже, нехай же Твоя воля
В рабі Твоєму буде.
Нехай в Тобі укріпиться доля.
Хай раб Твій прощення здобуде!

19 – 23.11.2011

Хай жива вода тече

Роби добро й до нього йди.
Будь досконалим, як Бог твій є.
Тихо стій в добрі завжди.
Хай з джерела жива вода тече.

08.2011

Люби добро

Люби добро понад усе.
Хай певно твоя нога ступає.
Хоч хто куди тебе несе,
Хай у твердості віра зростає.

Не дивись які догани мають.
І навіть якщо тебе збивають –
У вірі твердо стій
Бо так фундамент ствердиш свій.

10.07.2011

Слав Бога в слові й ділі

Слав Бога у серця простоті,
Як можеш, так молись,
В душевній чистоті,
Щоб "Отче наш" та інші молитви лились.

Хай в слові, хай і в ділі
Станеш ти Його хвалити.
І хай благословишся ти в життєвій цілі,
Хай будеш щиро ти Його любити.

Із вірою твоя хвала спасе,
А ще твоє життя то буде приклад.
Шукай добра понад усе,
І хай життя простеньким буде виклад.

21 – 22.11.2010

Благословен Господь Великий!

Благословен Господь Великий!
Він щедро розкриває Правицю.
Не страшні ані люди, ані звірі дикі:
Господь упокорює гнів та левицю.

Але мало того,
Ще додав Ти мені
Здоров'я міцного
Й відкрив Твій вибір уві сні.

На кожному кроці життя,
Боже, з рабом Своїм Ти.
Не страшне вітру суворе виття.
Тобі я буду радіти!

10.10.2010

Інколи буває сумно

Інколи буває сумно.
Сумно коли не цінують,
І важче стає цінити розумно.
Вони лише критикують.

Критика часто руйнує,
А будувати так важко.
Від того серце сумує
Й на душі якось тяжко.

Та чи вони знають?
Думають, так,
Насправді ж ламають;
Нове їм не на смак.

Не розуміють,
Тому й відкидають.
Непевність легко сіють,
Про відкриття мало дбають.

Але ти не сумуй,
Знай переможе добро.
Своїм шляхом сміливо крокуй;
Утверджуй розумом житло.

04.2010

Твоє Свято

Життя – великий дар,
Хай що, а ти йди!
Шкода, не може буть без хмар,
Але дощ – не назавжди́.

Твоя посмішка сяє кришталевою росою;
Щире серце знає шлях:
Божий Янгол завжди з тобою,
Навіть в далеких краях.

10   13.09.2009

Рідна мова

Рідна мова – бальзам для душі,
Струмок для вух джерельний,
Для язика – то мед;
Для голови – пірина.

Втомлену душу підкрипить,
Хворе тіло зціляє.
Це – від Бога!
Рідна мова – то життя!

09.2009

Зірка над вертепом яскраво засяє

Зірка над вертепом яскраво засяє,
Зорі на небі, холод на дворі.
Веселий дзвін у серці лунає,
Місяць про Радість Велику звіщає.

Це – Різдво, свято дивовижне,
Шлях до казки, до мрії,
Христове Різдво, справжнє, не книжнє:
Радіє усе, небо й земля, верхнє та нижнє.

У цей вечір святковий
Усе інакшим стає.
Кожен має свій шлях винятковий,
Не потрібен абзац додатковий.

Та сьогодні Господь єднає серця!
Як сніг хай білішає чиста душа,
Не на показ, не на раз, не для червоного слівця.
Різдво, – Україно, хай не жаліє митець олівця!

22.11.2008

Що ми святкуємо на Різдво

Точну дату Різдва хто знає?
Але важливе інше, а саме,
Що Господь про нас дбає,
Що через Христа людина на спасіння надію має.

Отож, що ми святкуємо?
Не дату, не календар,
Але те, що до Світла крокуємо;
Любов, надію, віру, що від Бога дістали даруємо.

22.11.2008

Ісус Христос народився

Ісус Христос народився,
У світ прийшов, як дитя з'явився.
Ісус Христос народився!

Син Божий як людина прийшов,
Від Отця Благий зійшов;
Для спасіння кожної людини,
Для щастя кожної родини!

Господеві нашому співаймо,
У вірі серця об'єднаймо.
Щоб Христос душу просвітив,
Щоб полум'я невір'я згасив.

Ісус Христос народився,
Як світла промінь у пітьмі з'явився.

І пастухи, і волхви
Свої дари принесли.

Отож щиро Бога прославляймо,
Спасіння сподіваючись співаймо!
Бо Христос – спасіння всім,
У кожну хату, кожен дім.

Просимо, хай Його ласка і щедроти
Будуть із вами вдома й на роботі,
Хай Христос дасть вашій родині
Хліба, здоров'я, прибуток, посмішку дитини!

Ісус Христос народився,
У світ прийшов, як дитя з'явився.
Ісус Христос народився!

10.12.2005

Хто б що не казав, а життя – неймовірне

Хто б що не казав, а життя – неймовірне –
На мільйони кольорів і дива багате;

Для розумних – на вдачу вірне.
Хоч бува часом солонувате.

Тільки подумати, як все влаштовано:
День і ніч, вода – вогонь, птах і людина!
Великою Божою мудрістю усе збудовано.
І кожен своє місце має, навіть невеличка тварина.

Як щасливий той, хто з вірою живе,
Не дивлячись на клопоти, кожну хвилину цінує!
Як блажен той, хто православним шляхом іде
Бо з надією живе і до вічного прямує.

11.06.2005

Життя – це великий дар

Життя – це великий дар,
Не варто про це забувати
І тільки Господь може ним наділяти;
Життя наповнює все від моря до хмар.

Але той, хто його має
Розпорядитися ним правильно мусить,
Найвищої мудрості життя вимагає
І розумний для початку язика закусить.

Не варто життя марнувати,
Його треба цінити, сміливіше крокувати.
Кожен сам все зважить, але час швидко спливає,
Укріпиться той у житті, хто надію на Бога покладає.

07.08.2004

Щастя не падає з неба

Щастя не падає з неба,
Хочеш чогось досягнути?
Тоді запам'ятати треба:
Переможеш тоді, коли мужнім навчишся бути.

03.01.2004

Не сумуй

Тільки той не помилявся,
Хто нічого не робив;
Хай кажуть марно сподівався,
Не вір, ти правильно чинив.

Заспокойся, будь собою,
У тебе все буде тік-ток,
Ще будуть пишатися тобою,
Тільки зроби правилний крок.

27.12.2003

Reader's notes